科学如此惊心动魄·汉字①

寻宝破蒙昧

汉字的演化

纸上魔方 著

文字

吉林出版集团股份有限公司 | 全国百佳图书出版单位

图书在版编目（CIP）数据

寻宝破蒙昧：汉字的演化/纸上魔方著.—长春：
吉林出版集团股份有限公司，2017.3（2021.6重印）
（科学如此惊心动魄.汉字）
ISBN 978-7-5581-2391-7

Ⅰ.①寻… Ⅱ.①纸… Ⅲ.①汉字—儿童读物
Ⅳ.①H12-49

中国版本图书馆CIP数据核字(2017)第044438号

科学如此惊心动魄·汉字 ①

XUN BAO PO MENGMEI HANZI DE YANHUA

寻宝破蒙昧——汉字的演化

著　　者：纸上魔方（电话：13521294990）

出版策划：孙　昶

项目统筹：孔庆梅

项目策划：于姝姝

责任编辑：于姝姝

特约编辑：赵志峰

责任校对：徐巧智

出　　版：吉林出版集团股份有限公司（www.jlpg.cn）
　　　　　（长春市福祉大路5788号，邮政编码：130118）

发　　行：吉林出版集团译文图书经营有限公司
　　　　　（http://shop34896900.taobao.com）

电　　话：总编办 0431-81629909　营销部 0431-81629880 / 81629881

印　　刷：三河市燕春印务有限公司

开　　本：720mm×1000mm　1/16

印　　张：8

字　　数：100千字

版　　次：2017年3月第1版

印　　次：2021年6月第8次印刷

书　　号：ISBN 978-7-5581-2391-7

定　　价：38.00元

印装错误请与承印厂联系　　电话：15350686777

前 言

四有：有妙赏，有哲思，有洞见，有超越。

妙赏：就是"赏妙"。妙就是事物的本质。

哲思：关注基本的、重大的、普遍的真理。关注演变，关注思想的更新。

洞见：要窥见事物内部的境界。

超越：就是让认识更上一层楼。

关于家长及孩子们最关心的问题："如何学科学，怎么学？"我只谈几个重要方面，而非全面论述。

1. 致广大而尽精微。

柏拉图说："我认为，只有当所有这些研究提高到彼此互相结合、互相关联的程度，并且能够对它们的相互关系得到一个总括的、成熟的看法时，我们的研究才算是有意义的，否则便是白费力气，毫无价值。"水泥和砖不是宏伟的建筑。在学习中，力争做到既有分析又有综合。在微观上重析理，明其幽微；在宏观上看结构，通其大义。

2. 循序渐进法。

按部就班地学习，它可以给你扎实的基础，这是做出创造性工作的开始。由浅入深，循序渐进，对基本概念、基本原理牢固掌握并熟练运用。切忌好高骛远、囫囵吞枣。

3. 以简驭繁。

笛卡尔是近代思想的开山祖师。他的方法大致可归结为两步：第一步是化繁为简，第二步是以简驭繁。化繁为简通常有两种方法：一是将复杂问题分解为简单问题，二是将一般问题特殊化。化繁为简这一步做得好，由简回归到繁，就容易了。

4. 验证与总结。

笛卡尔说："如果我在科学上发现了什么新的真理，我总可以说它们是建立在五六个已成功解决的问题上。"回顾一下你所做过的一切，看看困难的实质是什么，哪一步最关键，什么地方你还可以改进，这样久而久之，举一反三的本领就练出来了。

5. 刻苦努力。

不受一番冰霜苦，哪有梅花放清香？要记住，刻苦用功是读书有成的最基本的条件。古今中外，概莫能外。马克思说："在科学上是没有平坦的大道可走的，只有那些在崎岖的攀登上不畏劳苦的人，才有希望到达光辉的顶点。"

北京大学教授/百家讲坛讲师

张顺燕

贝吉塔

阴险邪恶，小气，如果有谁得罪了她，她就会想尽一切办法报复别人。她本来被咒语封了起来，然而在无意中被冒失鬼迪诺放了出来。获得自由之后，她发现丽莎的父亲就是当初将她封在石碑里面的人，于是为了报复，她便将丽莎的弟弟佩恩抓走了。

善良，聪明，在女巫被咒语封起来之前，被女巫强迫做了十几年的苦力。因为经常在女巫身边，所以它也学到了不少东西。后来因为贝吉塔(女巫)被封在石碑里面，就摆脱了她的控制。它经常做一些令人捧腹大笑的事情，但是到了关键时刻，也能表现出不小的智慧和勇气。它与丽莎共同合作，总会破解女巫设计的问题。

克鲁德
小精灵

安得烈

外号"安得烈家的胖子"，虎头虎脑，胆子特别大，力气也特别大，很有团队意识，经常为了保护伙伴而受伤。

主人公介绍

丽莎

胆小，却很聪明心细，善于从小事情、小细节发现问题，找出线索，最终找出答案。每到关键时刻，她和克鲁德总会一起用智慧破解女巫设计的一个个问题。

迪诺

冒失鬼，好奇心特别强，总是想着去野外探险，做个伟大的探险家。就是因为想探险，他才在无意中将封在石碑里面的贝吉塔（女巫）放了出来。

班奈特

沉着冷静，很有头脑，同时也是几个人中年龄最大的。

佩恩

丽莎的弟弟，在迪诺将封在石碑里面的贝吉塔（女巫）放出来后，就被女巫抓走做了她的奴隶。

目 录

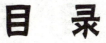

目　录

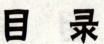

人不会说话，交流起来就困难，不会写字就不能有效地把看到的、听到的、想到的事情记录下来。没有文字的世界是怎样的？想想都可怕！

文字是什么？

文字就是人类用来记录语言的书写符号。人们用特定的符号来表示特定的语音、语意，从而把自己的语言记录下来，于是就有了文字。

有了文字，超越时空限制的信息传播才有了可能，而且更加可靠。也正因为有了文字，人类才彻底和动物区别开来，跨入文明社会的大门。

人类都有哪些语言和文字？

人类的语言可多啦！有英语、法语、俄语、日语、汉语……将近7000种，但并不是所有的语言都有文字，能够用文字记录的书面语言只有2000多种。

当前世界上的文字主要可以分成表音文字和表意文字。像英文那样用字母来表示语音的文字就属于表音文字。英文是表音文字的一种，又叫拼音文字。

汉字则属于表意文字，通常每个汉字都有自己的读音和意义。

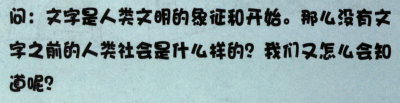

问：文字是人类文明的象征和开始。那么没有文字之前的人类社会是什么样的？我们又怎么会知道呢？

答：没有文字之前，人们无法记录当时发生的事情，只能靠绘画或结绳等办法表示当时的情景。我们今天了解远古人类的情况，主要是通过研究当时留下的实物，刻在岩石上的壁画，还有前人口口相传的神话和传说，再加以推理和分析，才能大概知道的。

问：人类的文字历史是从什么时候开始的呢？

答：古埃及人和苏美尔人在5000多年前就已经有了自己的文字，开启了有文字历史。至于中国汉字的开端，继续读故事你就知道啦。

智慧树

8

第二章

"病情" 加剧

（结绳记事）

打个绳结就能记住重要的事情，这个神奇的办法就是：结绳记事！

结绳记事

结绳记事是没有文字以前，人们使用的一种记事方法。古人在一条或者多条绳子上打结，以便记住重要的事件或者计数，这种方法就叫结绳记事。中国古书《易经》说："上古结绳而治，后世圣人易之以书契。"意思是说，最早人们用在绳子上打结的方法记事，后来"圣人"用文字（书契）代替了结绳，可见"结绳"的确能起到"记事"的作用。

结绳记事

关于结绳记事

只解释在绳子上打结太简单了。结绳记事具体是怎样的呢？中国古代有个大学者郑玄说："事大，大结其绳；事小，小结其绳。结之多少，随物众寡。"意思是说，如果要记住的事情重要，就打个大绳结，如果是小事就打个小绳结，打多少绳结要看需要记录的事物的多少，几件事或者几个东西就打几个绳结。比如要记住捕获5只羊，就打5个绳结。

另外根据研究，绳子的颜色、数量，绳结的大小、距离不同，都可以表示不同的含义。

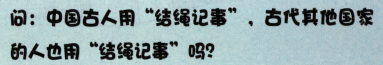

问：中国古人用"结绳记事"，古代其他国家的人也用"结绳记事"吗？

答：据研究，在古代的中国、波斯、日本、埃及和美洲的墨西哥、秘鲁等地都曾经使用"结绳记事"。

问："结绳记事"听起来很好玩，我们能看懂古人"结绳"记下来的事件吗？

答：恐怕不行。中国古代没有"结绳记事"的实物留存下来，我们更不知道当时"结绳记事"的详细情况和确切方法。美洲古印加人"结绳记事"的实物现在还留存着，叫作"奇普"，是用许多绳子打成的复杂的绳结。但现在没人懂得它们的意义，更没人会用"奇普"记事啦。

智慧树

第三章

"抽象派大师"

（象形文字）

19

他为什么画画？画画能治他的"病"？

一听你刚才就溜号了！

这叫"抽象画"！画的是抽象符号，其实就是"写字"！

象形就是像某个事物的形象。所以，象形文字就是照着某个事物的样子"画"出来的文字。

什么是象形文字?

大文学家鲁迅说，古人"写字就是画画"，指的就是象形文字。象形文字是人类最早发明创造出来的文字，是用从描绘实物的图画抽象出来的线条构成图案，用来表示事物或者概念的符号文字。像前面提到的"日"字，就是画一个圈，在中间加上一个点或者一条直线表示太阳。

下面这些图案，你能认出它们表示的是什么字吗?

答案: 月 马 犬 山
弓 木 水 鹿

世界上都有哪些地方的古代人创造和使用过象形文字？

　　远古人类从图画中抽象出图案和符号，进而创造出最早的文字，也就是象形文字。

　　5000年前古埃及人开始使用象形文字，那就是远古埃及文。大约在同一时期，生活在两河流域的苏美尔人发明了楔形文字，是象形文字的一种。发源于印度河流域的古印度文明也有一种象形符号，距今有4000多年的历史了，但还没有被证明是象形文字。至于中国，最晚在3000多年前的商朝也发明了象形文字。它叫什么呢？看下去你就知道啦。

古埃及象形文字

苏美尔人楔形文字

象形文字

问：现在还有人使用象形文字吗？

答：今天的一些汉字还保留着象形文字的痕迹。你看，"日""月""山""水"这些字，是不是和那些最初的象形文字很相似？

另外，当今世界仍然有一些地区使用类似象形文字的简单符号来传递信息、记录事件。像中国的纳西族，他们至今还在使用的东巴文就是一种象形文字。

问：像"日""月""山""水"这样的象形文字是从图画变来的，那么字母从哪里来？它们也是图画吗？

答：没错。例如字母"A"最早在腓尼基文中就写作 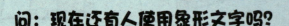，代表牛头或牛角，对于古人来说，牛意味着财富，吃、穿、耕作都少不了它。这就是A被列为第一个字母的缘故。

智慧树

第四章

盗取神符

（河图和洛书）

27

河图和洛书有什么魔力呢？现在我可搞清楚啦！

河图和洛书

《易经》里说："河出图，洛出书，圣人则之。"意思是说黄河出了河图，洛水出了洛书，于是圣人把它们当作依据和准则，创造了上古的文化。其实，河图就是八卦，洛书则是九宫，它们是中国古代文明的两个著名图案，代表了中国古代最高深的文化，同时也是先人智慧的结晶。也有人认为，中国的汉字正是起源于河图和洛书。

原来就是八卦和九宫！

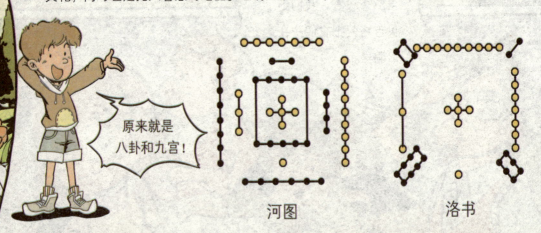

河图　　　　　　　洛书

河图和洛书的传说

"河出图，洛出书"，听起来好神秘，这里面还真有故事，而且很神奇呢。

相传伏羲氏统治时期，黄河中出现一匹神马，它的样子像马，却长着龙头，而且一身龙鳞，是一匹龙马。这匹龙马身上有一些很奇怪的图案，伏羲氏看了受到启发，于是发明了八卦。

后来到了大禹治水的时候，洛水中现出一只神龟，龟背上也刻着神秘的图案，大禹由此领悟出高深的道理，画成了九宫。据说也正因为有了洛书，大禹治水才能成功呢。

不过也有人说，得到洛书的是伏羲氏，此外还有黄帝、仓颉等不同说法。当然这些都只是传说，但河图、洛书的确是中国古代伟大的发明。

问：河图和洛书这么神奇，它们到底是什么呢？

答：河图图案由一到十的数字组成，数字用圆点表示（如图1）。它实际上可以看作一个幻方，但古人对它做出了许多神秘的解释。因此河图与中国文化中的阴阳、五行、八卦都有关系，而且其中还蕴含着天文历法方面的知识呢。洛书则由数字一到九组成（如图2），它是更简单的幻方，一到九的数字对应着九宫。你注意到了吗？它的横排、竖排、斜线上的数字之和都是15。

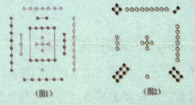

（图1）　　（图2）

问：伏羲氏是谁？仓颉又是谁？

答：伏羲氏是传说中中华民族的人文始祖，上古三皇之一。至于仓颉，看下去你就知道啦。

智慧树

第五章

遇困魔法阵

（八卦）

到底什么是八卦，什么又是八卦阵呢？说起来，这里面可有大学问呢！

八卦和八卦阵

前面已经说过河图上的图案就是八卦。八卦是用"—"符号表示阳爻，"— —"符号表示阴爻，每三爻为一组，组成一卦，共八种组合，这就是八卦。下图是太极八卦图（图1）。

八卦是中国古代一种很高深的哲学思想，它和天文地理、医学、武术、音乐、数学甚至军事都有关系。传说中，蜀汉丞相诸葛亮发明了一种八卦阵。他曾经在白帝城外的江边用乱石布下八阵图，据说相当于十万精兵，而且还差点儿困住吴国大将陆逊，令他丧命在乱石阵之中呢。

图1

关于八卦

八卦分别代表什么，有什么含义呢？

如图1所示："☰"为乾，代表天；"☷"为坤，代表地；"☳"为震，代表雷；"☴"为巽，代表风；"☵"为坎，代表水；"☲"为离，代表火；"☶"为艮，代表山；"☱"为兑，代表泽。你看，它们分别有自己的名称，而且还代表不同的自然现象呢。

在其他方面八卦也有不同含义。例如它们可以代表动物，按前面的顺序排列，它们分别表示马、牛、龙、鸡、豕、雉、犬和羊。此外还有很多，说都说不过来。

乾 ☰ 天
坤 ☷ 地
震 ☳ 雷
巽 ☴ 风

坎 ☵ 水
离 ☲ 火
艮 ☶ 山
兑 ☱ 泽

图1

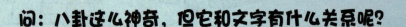

问：八卦这么神奇，但它和文字有什么关系呢？

答：正如前面提到的，传说八卦是伏羲氏的发明，而伏羲氏是中华民族的人文始祖，据说文字也是他创造的。《史记》中说他用文字代替了结绳记事。很多专家学者也认为八卦正是起源于结绳记事，是一种抽象的文字符号，可以表达数字等抽象概念。例如阳爻"—"演化成了数字"一"。

问：八卦阵又是怎么回事？它真有那么厉害吗？

答：当然不是。那只是传说。不过，古代军事上的确有八卦阵，但要由士兵来排兵布阵才行，堆石头可不管用。

智慧树

第六章

四眼救星

（仓颉造字）

没错。不过有了它们还不够，我们要集齐四大法宝才行……

它们真的能救佩恩？

这就是河图和洛书？

45

仓颉到底是谁？他怎么也成了汉字的创造者呢？

仓颉造字说

仓颉是中国上古历史传说中的人物。根据《说文解字》等文献记载，仓颉是黄帝的史官，他脸上长了四只眼睛，天生非常聪明。据说，他通过观察奎星的分布、龟背的纹理、鸟兽的爪印痕迹以及人的掌纹、山川脉络的特征等，造出了文字。所以，中国历史上一直就有"仓颉造字"的说法，这也是关于汉字起源的最广泛的传说。

根据这一传说，仓颉造出文字这件事太轰动了，以至于谷子像下雨一般从天上掉下来，龙都藏到了水底不敢出来了。

奎星和魁星楼

在"仓颉造字说"中,仓颉观察了奎星的分布。那么,奎星是什么呢?其实奎星并不是一颗星,而是北斗七星中第一到第四颗星的合称,也就是形成斗勺的四颗星,又叫斗魁或者璇玑。这四颗星在中国传统文化中代表着主宰文运的神仙——这个神仙的样子很恐怖,面目狰狞,像个恶鬼。他的名字叫大魁星君,又叫魁星。

人们认为魁星能主宰读书人的命运,所以大家对他都很崇拜和敬畏。中国很多地方都有魁星楼,里面供奉着魁星的像。你知道他脚下踩着一条大鱼是什么意思吗?那条鱼叫鳌鱼,脚踩鳌鱼就是"独占鳌头"!

魁星

北斗七星

独占鳌头

问："仓颉造字说"可靠吗？真的是仓颉创造了文字？

答：就像伏羲氏不会是八卦的独立发明人，仓颉也不会是文字的唯一创造者。那么多的文字，不可能是一个人创造出来的。现代专家学者们普遍相信，文字是一代代古人渐渐创造和完善的，是许多人智慧的结晶。历史上即使有仓颉其人，他也只是文字的搜集者和整理者。

问：那么仓颉"创造"的是怎样的文字呢？

答：《说文解字》说仓颉"创造"的文字"盖依类象形，故谓之文（古通'纹'）"，意思是他造的字都是根据事物的形象特征画出的纹样图案，也就是象形文字。

第七章

龟壳上的文字

（甲骨文）

51

53

甲骨文？听起来好神秘！我也是好不容易才听懂阿力教授的讲解呢。

甲骨文

　　甲骨文是公认的中国古代最古老的文字。目前考古发现的甲骨文，都是刻在龟甲和兽骨上的，所以才有了这个名称。这些龟甲和兽骨最早是商朝后期遗留下来的，也有周朝早期的，距今已有三千多年的历史了。专家们破译了它们上面的一部分文字，确定这些文字是一种很成熟的象形文字，记载了当时王室的一些重大事件和占卜卜辞等内容，对研究商周时期的历史有很大的帮助。

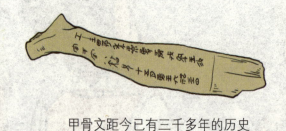

甲骨文距今已有三千多年的历史

甲骨文的发现

　　还在清朝甚至更早的时候，河南省安阳市小屯村一带的农民就从地下挖出过不少龟甲和兽骨。不过，他们却把这些甲骨当作龙骨，卖给了中药商入药了。

　　直到清朝末年，有个叫王懿荣的人偶然看到"龙骨"上刻着字，认识到这些"龙骨"的真正价值，开始重金收购带有文字的甲骨。后来，他的朋友刘鹗把那些甲骨上的文字公布，引起了学术界的轰动，越来越多的专家学者开始研究甲骨文，小屯村发现的甲骨也越来越多。到今天，小屯村出土的带有文字的甲骨残片已经有15万多片，其中上面的4500多个甲骨文单字也有2000多个被破译出来了。

问：为什么甲骨都是在小屯村发现的呢？

答：因为那里是商朝后期的都城。商又叫殷商，商灭亡后，都城就成了废墟，所以小屯村一带的商朝文化遗址又叫殷墟。

问：甲骨文就是最早的汉字吗？

答：这可不好说。近年来，人们在山东发现了一些刻在兽骨上的文字，命名为骨刻文。据研究，这些文字比甲骨文还要早，差不多有四千多年的历史了。

智慧树

第八章

探宝废墟中

（金文、钟鼎文）

58

59

甲骨文是刻在龟甲和兽骨上的文字，钟鼎文又是怎么回事呢？

钟鼎文

没错，你猜对啦。钟鼎文就是刻在钟和鼎上的文字。这种文字也是从商朝的中后期开始出现的，铭刻在当时的青铜器上，主要是钟和鼎上，又叫金文、铭文。

钟鼎文和甲骨文很接近。最早出现在钟鼎上的文字很短，往往只有几个字，内容是铸造钟鼎者或者其祖先的名字。从商朝晚期开始，铭文有了较长的文章，记录着商王和贵族们的一些事迹。比如祭祀活动、围猎、战争，等等。

钟鼎文

最早和最长的钟鼎文

1965年，考古学家在河南省辉县褚丘挖掘到一个奇怪的青铜器。它叫卣，是一种酒器。这个卣提梁的两端是威猛的兽头，卣身上雕着鸟，还有各种纹饰。在它的盖子里面和底部，都铭刻着"祖辛"两个字。祖辛是商朝的第十四个国王，这个卣，看来是给他盛酒用的。

这是迄今为止发现的最早的钟鼎文。

最长的一段钟鼎文铭刻在毛公鼎上。毛公鼎发现于清道光年间，被断定是周宣王时期的青铜鼎。它上面的铭文长达500字，记载了周宣王对毛公的重用和封赏。

祖辛卣

毛公鼎

问：商周时候的古人为什么把文字铭刻在钟鼎上呢？

答：那时候钟是乐器，鼎是礼器，它们都和礼乐相关，是庄严而贵重的器物。商周时的古人为了纪念，往往铸造钟鼎等器物。作为对事件的记录，钟鼎文当然就被铭刻在钟鼎上了。

问：那么古人都喜欢在钟鼎上铭刻文字吗？商周以后还有没有钟鼎文呢？

答：钟鼎文是青铜器时代的产物。考古发现，春秋战国时期，铁器已经出现，但是周王和诸侯依然重视青铜器，而且铸造工艺更先进，因此钟鼎文依然存在，甚至更加繁盛。

　　不过从秦朝开始，钟鼎文就渐渐稀少，最终消失了。

智慧树

第九章

唤灵石鼓

（大篆、石鼓文）

66

67

丽莎，我们找到啦！

你快看看，上面画了什么？

这次我来。

唤灵石鼓敲响啦，佩恩有救啦！

"咚咚"

69

石鼓文是什么？怎么能懂得甲骨文和钟鼎文的佩恩反而看不懂了呢？

石鼓文

　　石鼓文是唐朝初年发现的，篆刻在外形像鼓的石头上的文字。这些文字已经不是甲骨文、钟鼎文那样的"图画文字"，而是比较方正规矩，也更接近于现代汉字的文字，属于篆书中的大篆。

　　其实，甲骨文和钟鼎文也可以被称为大篆，但是它们还保留着图画的性质和特征，形状有大有小，笔画也粗细不均，是大篆的早期形态。而石鼓文则是更成熟的文字，看起来更像今天的汉字。这就难怪中了蒙昧咒的佩恩看不懂了。

石鼓文

石鼓文年代之谜

石鼓文在唐初就被发现了，但人们对这些文字什么时候被刻在石头上却始终看法不一。

最初，人们以为石鼓上的文字描述的是周宣王出猎的场面，所以把这些石头叫作"猎碣"，并认定它们是西周时的古物。但后来又有不少学者认为它们出现在春秋战国时的秦国，有人说是秦襄公时的，有人说是秦穆公时的，还有说秦文公、秦景公、秦献公，等等。

近年来有学者提出新的观点，认为这些石鼓是秦始皇泰山封禅、勒石记事时所造，所以应该是秦朝的古董。

此外，还有人说它们是汉代、北魏甚至晋朝的呢，真是搞不清楚！

问：石鼓文到底是在哪儿发现的？丽莎他们为什么要去陕西宝鸡呢？

答：根据记载，刻有石鼓文的十面石鼓最初是在陕西省宝鸡市的三畤原发现的。这么说，追根溯源，丽莎他们当然要去那里寻找石鼓啦。

问：石鼓文刻在十面石鼓上，到底有多少文字，又记载了什么呢？

答：十面石鼓上共刻有718个文字字符。根据最新的研究成果，这些文字分为十部分，都是颂诗，四字一句，属于四言诗。这些颂诗歌颂了秦国从建国到统一天下的十个不同历史时期八位伟大君主的光辉事迹。

智慧树

第十章

佩恩拿起了笔

（小篆和六国文字）

哈哈，被我猜中了吧？不过，从大篆到小篆是什么时候的事，又经历了怎样的变化呢？

秦始皇统一文字和李斯创制小篆

公元前221年，秦始皇统一六国，建立了一个大一统的秦王朝。随后，这位始皇帝宣布在全国实行"书同文，车同轨"——就是要统一文字，统一车轮间的距离，并统一度量衡。

为了统一文字，宰相李斯对原来秦国使用的大篆进行改革，简化了一些字的笔画，又使字形变得匀称，横平竖直，字体结构对称，形成细长的长方形，由此创制出小篆，作为秦朝官方指定的标准文字。这就是小篆产生的过程。

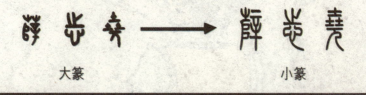

大篆   小篆

大篆、籀文和小篆的应用

前面提到，甲骨文、钟鼎文和石鼓文都是大篆。实际上，小篆以前的文字都可以统称为大篆。

不过，有时候大篆也叫籀文。这是因为有学者认为大篆是专指周宣王时候史官籀整理和使用的文字。相传当时有一部《史籀篇》，其中的文字就是籀文。

大篆、小篆都属于篆书。

秦始皇统一文字，李斯创制了小篆，那么小篆就是秦朝的官方标准文字，所以秦朝皇帝下达的诏书和纪念重大事件的石碑碑文，都是用小篆写成的。

此外，至今还有人用小篆字体刻制印章，也有用大篆（籀文）的。

李斯创制了小篆

李斯《泰山刻石》（局部）

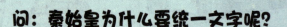

问：秦始皇为什么要统一文字呢？

答：东周列国时期先后有春秋五霸争雄，战国七雄并立，在秦始皇统一天下之前，秦国之外还有齐、楚、燕、韩、赵、魏六大强国和众多林立的小国。这些国家的文字虽然都源自甲骨文，但各不相同，有很大的差异，有时候一个字竟然有十几种写法。大家写的字彼此都看不懂，这怎么行呢？当然要统一啦！

问：其他六国的文字现在还有吗？在哪里能看到呢？

答：有。秦国以外其他六国的文字统称六国文字。在这六个国家遗留下来的竹简、绢帛、陶器、印玺和钱币等文物上，还能看到六国文字。

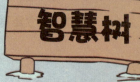

第十一章

克鲁德法则

（隶书）

其实我也没那么神奇啦。不过，隶书在汉字演变过程中真的很重要。

隶书和隶书的形成

隶书是汉字从古文字向现代汉字演变的重要字体。汉字演变到隶书，看起来已经大致是今天汉字的样子啦。

那么隶书是什么时候形成的呢？隶书的形成，是在秦汉时期。据记载，秦时人程邈被秦始皇关在监狱里，他把秦国的大篆简化成一种笔画更简单，书写也更便捷的文字，这就是隶书。后来，秦始皇看到他改良的文字，认为很有价值，不但释放了他，还让他做了御史，隶书也因此流传开来。到了汉朝中期，隶书已经成为通用的文字啦。

大篆　　　隶书

隶书的特点

和篆书（包括大篆和小篆）比较，隶书有什么特点呢？

首先，大篆大小不一，有圆有方，小篆是细长的，但隶书却很扁，显得横向笔画比较长，竖向笔画比较短。

其次，和篆书的笔画多是圆弧形不同，隶书的笔画有了方折，看起来有棱有角。

还有，篆书笔画总是连续的，有时候一笔要不中断地转好几次方向。但隶书把这些转折断开，变成单独的笔画，方便了书写。而且篆书里只有一种圆点，隶书则已经有了各种不同式样的点（画几种不同的点，如下各图所示）。

府 秋 洗 点

实际上，隶书比篆书更简单，也更容易书写了。

隶书更简单
更容易书写

曹全碑（局部）

问：为什么秦朝时既出现了小篆，又出现了隶书？隶书又是做什么用的呢？

答：小篆是秦朝官方的标准文字，但写起来并不容易，而且很慢。秦朝作为中国历史上第一个统一的大帝国，当时官吏办公经常要大量书写文字，用小篆太不方便，因此才产生了隶书。这样看来，隶书在当时是官吏们书写公文用的"快捷字体"啊。

问：隶书这么重要，又这么规范便捷，现在还有人用吗？

答：别忘了汉字还要继续演变发展。接下来，还会有更加规范便捷的汉字形式出现。不过，因为隶书风格庄重，笔画凝练，至今还有不少书法家喜欢书写这种字体呢。

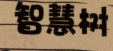

智慧树

93

楷书是什么字体？为什么阿力教授说佩恩学会楷书就能解开蒙昧咒呢？

楷书

楷书，顾名思义，就是书法的楷模。汉字发展到楷书阶段，已经完全脱去了篆书字体的痕迹，成为现代书写体汉字的样子。因此，楷书又叫正楷、真书、正书，也就是今天的正体字。作为正体字的楷书，横平竖直、字体方正，是由隶书进一步简化形成的。至此，汉字已经进化完善，彻底成熟起来。

汉字发展到楷书阶段，已经彻底成熟起来

楷书四体和四大家

楷书既然叫真书、正书,当然是汉字的标准字体了。不过,楷书也不是全都一模一样,而是有不同的风格和神韵。听说过"欧颜柳赵"吗?那就是楷书的四体。也就是说,楷书有四种著名的字体,即欧体、颜体、柳体和赵体。

实际上"欧颜柳赵"是四个人。他们代表了楷书的四种主要流派,被称为楷书四大家。这里,欧是指欧阳询,他是唐初书法家。颜是颜真卿,柳是柳公权,他们也都是唐朝人。最后一位赵孟頫,是元代人。这四人都擅长楷书,而且各有特色,他们中有三个是唐朝人,唐朝是楷书最繁荣鼎盛的时期。

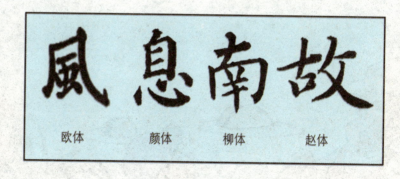

| 欧体 | 颜体 | 柳体 | 赵体 |

楷书的四体

问：小篆、隶书都有发明者。楷书是谁发明的呢？

答：楷书在汉朝萌芽，形成于魏晋南北朝，到唐朝达到鼎盛。但楷书的发明者是谁却不明确。相传楷书是一个叫王次仲的人从隶书简化而来的。然而对这个王次仲，有人说是东汉人，有人说是秦末汉初人，时代都搞不清楚，身份事迹更是模糊，并不可信。

问：唐朝是楷书的繁荣期，唐朝以前的楷书是怎样的呢？

答：唐朝以前，最著名的楷书作品主要集中在北魏时期，刻在石碑上的碑文中，被称为魏碑。魏碑碑文以楷书为主，但还有点儿隶书的痕迹，是隶书向楷书过渡的字体。

智慧树

第十三章

气急败坏发狠招

（行书）

99

哈哈，事后阿力教授把真相告诉了我们，当然也讲了什么叫行书。

楷书再变是行书

隶书是从篆书变来的，楷书是从隶书变来的。可见，中国汉字的形成有一个逐渐演变的过程。篆书很繁复，像画画一样，写起来很难、很慢。篆书变成了隶书，就简单了很多，书写也容易了。隶书再变成楷书，笔画更简单，书写也更容易。原来，汉字的演化正是一个由繁至简、由难到易，写起来由慢到快的过程。

为了书写更流畅快捷，行书就出现了。实际上其他字体产生后，它们对应的便捷写法也是行书。你看佩恩的字，是不是像行云流水呢？

汉字的演化

书圣和天下三大行书

行书是一种字体，自然也是一种书法艺术。历史上谁的行书写得最好呢？当然是东晋时著名的书法家王羲之。王羲之的书法成就极高，影响也极大，他本人更被后人尊为"书圣"。他有一篇《兰亭集序》，是行书中的极品，被后人评为"天下第一行书"。

有第一就有第二、第三。《兰亭集序》之下，颜真卿的《祭侄文稿》被评为"天下第二行书"，"天下第三行书"则是北宋时苏东坡的《寒食帖》。这三篇书法作品代表了行书的最高水平，是汉字书法艺术的瑰宝。

天下第三行书
《寒食帖》

天下第二行书
《祭侄文稿》

天下第一行书
《兰亭集序》

书圣 王羲之

问：行书是谁创立的?

答：相传，东汉时有位书法家名叫刘德升，据说就是他创立了行书这一字体，并且把它传授给三国时的钟繇和胡昭，他们都成了著名书法家。刘德升创立的行书，实际就是把楷书再次简化，并且变得笔画圆润，书写流畅，因此渐渐流行起来了。

问：楷书有四体，行书又怎么分类呢?

答："天下三大行书"是排名，不能算分类。根据字体特点，行书可以有行楷和行草的分别。行楷，其实就是有点儿像楷书的行书，笔画结构还保留了楷书的一些特征。那么行草呢? 看下去你就知道啦。

第 十 四 章

巧计愚女巫

（草书）

草书又是一种什么字体？为什么贝吉塔认为那不是字呢？

难以辨认的草书

　　草书其实就是一种书写很潦草的汉字字体。书写草书时，笔画通常会简省，一笔写下去连绵不断，笔画之间曲折连贯，经常变形到根本不像原来的样子。草书文字的大小也不一致，有时候字与字仿佛都连在一起成了一大片。因此，草书很难辨认，而且简直不像"文字"。对不熟悉的人来说，草书根本就是"天书"。这就难怪贝吉塔以为自己的加强蒙昧咒发挥了作用，佩恩写的不是文字了。

"天书"

草书的三种分类及其代表作品、人物

　　草书出现在汉朝初年，是由隶书演变而来，主要有章草、今草和狂草三种。

　　章草是最早的草书形态，还保留了一些隶书的章法，故名章草。西汉书法家史游有一篇《急就章》，被认为是章草的开山之作和典范。

　　今草流行于魏晋南北朝，比章草书写随意，但还有迹可循。有人说东汉书法家张芝首创今草，故此他被后人尊为"草圣"。他留下的作品有《八月帖》等。不过也有人说，是东晋王羲之、王洽兄弟创造了今草。

　　到了唐朝，狂草出现了。一个狂字，展现出这种书法的奔放和恣肆。狂草的代表人物有张旭和怀素。

章草　　　　今草　　　　狂草

章草的开山之作

西汉书法家史游
《急就章》（局部）

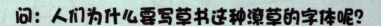

问：人们为什么要写草书这种潦草的字体呢？

答：还不是为了追求简易和快速嘛。人类的文字总是朝着简单、快捷的方向发展，人们有时候难免书写很匆促，这都会造成文字的潦草。当然，后来人们渐渐地也把草书作为一种书法艺术来追求了。

问：潦草的字体叫草书，那么汉字中只有草书这一种潦草的字体形式吗？行草又是怎么回事呢？

答：当然不是。任何文字和字体其实都有"草书"。甲骨文、钟鼎文就都有书写潦草的例子。事实上，比较潦草的篆书可以叫草篆，当然也有草隶和草楷。至于行草，行书中比较接近草书的，就叫行草啦。

第十五章

胜利宣言

(宋体、印刷体)

胜利宣言

我们成功地破解了蒙昧咒！
佩恩不会成为傻子！
正义的力量不可战胜！

丽莎、迪诺、安得烈、佩恩、克鲁德

可恶！我不会放过你们，不会放过佩恩，不会放过你们每个人！等着瞧……

宋体又是一种什么字体？为什么用宋体字来写，贝吉塔就会认不出是谁写的呢？

整齐划一的宋体字

宋体是一种规规矩矩的字体，横画较细，竖画较粗，点、撇、捺、钩等笔画末端尖细，一个个文字看起来方方正正，排列起来很整齐，看上去字迹清晰，很容易辨识。

当然，这样的文字不会有什么特色，不同的人写的宋体字看起来也没什么太大的区别，甚至可以达到一模一样的效果。这样标准、规范的文字，很难从中辨认出字迹的不同。

宋体

真的很规矩！

宋体就是印刷体

宋体是怎么形成的？它又为什么会这么标准、规范呢？

实际上，宋体是宋朝时候才出现的。它是一种书籍、报刊制版印刷时使用的字体。当时中国印制书报使用雕版印刷术，要在木版上先刻上文字，再翻印到纸上。这些刻板文字必须清晰、规范，这样印出来的书报才会容易阅读，而且看久了也不会疲劳。

宋代时已经有了专门从事出版印刷行业的书铺，尤其在南宋都城临安，有一整条街遍布书铺。他们制版使用的文字就是这种规范文字，并渐渐形成了宋体字。

直到今天，我们印刷书报使用的依然是宋体字。所以，宋体实际上就是印刷体文字。

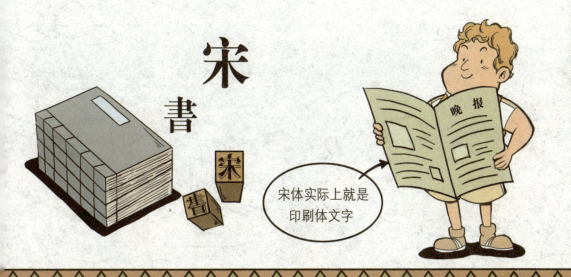

宋体实际上就是印刷体文字

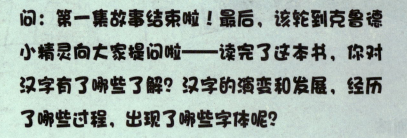

问：第一集故事结束啦！最后，该轮到克鲁德小精灵向大家提问啦——读完了这本书，你对汉字有了哪些了解？汉字的演变和发展，经历了哪些过程，出现了哪些字体呢？

答：汉字是一种古老的文字，已经有至少三千多年的历史了。

在汉字的演变和发展过程中，经历了从原始图画、结绳记事向甲骨文、钟鼎文的转变，后来又有了小篆和隶书，汉字渐趋规范。随着楷书的出现，汉字已经成为现代文字。此外，为了书写的便利，又演化出行书、草书等字体，后来还产生了用于印刷的宋体字。

智慧树